大展好書　好書大展
品嘗好書　冠群可期

彩色圖解
太極武術
9

〈楊式〉
16
18
式 太 極
拳
劍
+VCD

崔 仲 三
編著、演示

大展出版社有限公司

國家圖書館出版品預行編目資料

〈楊式〉16/18式太極拳劍 +VCD / 崔仲三 編著・演示
—初版—臺北市：大展 ， 2004【民93】
　　面 ； 21 公分 — (彩色圖解太極武術；9)
　　ISBN 957- 468-300-1 (平裝：附影音光碟)
　1.太極拳 2.劍術

　528.972　　　　　　　　　　　　93004426

〈楊式〉16/18 式太極拳劍 +VCD　ISBN 957-468-300-1

編 著 者 / 崔仲三
ＶＣＤ / 崔仲三
責任編輯 / 佟　暉
發 行 人 / 蔡森明
出 版 者 / 大展出版社有限公司
社　　址 / 台北市北投區（石牌）致遠一路 2 段 12 巷 1 號
電　　話 /（02）28236031・28236033・28233123
傳　　真 /（02）28272069
郵政劃撥 / 01669551
網　　址 / www.dah-jaan.com.tw
E - mail / service@dah-jaan.com.tw
登 記 證 / 局版臺業字第 2171 號
承 印 者 / 暉峰彩色印刷有限公司
裝　　訂 / 協億印製廠股份有限公司
排 版 者 / 順基國際有限公司
初版 1 刷 / 2004 年（民 93 年）6 月　　　　定價 / 350 元

●本書若有破損、缺頁敬請寄回本社更換●

16 式太極拳

　　16 式太極拳是我國於近年推出的又一新的普及型太極拳套路。它的套路結構動作更加簡潔，易學、易練、易記，更加符合於當今的生活節奏。

　　雖然動作名稱只有 16 個，但是它的動作特點和風格卻保持了濃郁的楊式太極拳的韻味，舒展大方，圓活連貫、氣勢騰然。弓步、退步、側行步的反覆出現，增加了練習者的腿步力量；身體重心的不斷移動增強了練習者的平衡能力；雙臂與雙掌的運轉在沉肩墜肘、鬆腰沉髖的動作要領要求下，達到身體關節的滑潤，起到了預防關節疾病的作用；立身中正，虛領頂勁，使得體態更加挺拔、勻稱。

　　16 式太極拳同時也是中國武術段位制，太極拳二段位必修的課程。本書以分解教學的方式由淺入深指導練習者進行學練。

16式太極拳動作名稱

預備勢

1. 起　勢
2. 左右野馬分鬃
3. 白鶴亮翅
4. 左右摟膝拗步
5. 進步搬攔捶
6. 如封似閉
7. 單　鞭
8. 手揮琵琶
9. 左右倒捲肱
10. 左右穿梭
11. 海底針
12. 閃通背
13. 雲　手
14. 左右攬雀尾
15. 十字手
16. 收　勢

預備勢

　　身體自然直立，兩臂自然下垂，兩掌輕貼大腿外側，兩腳併攏，成併立步；眼向前平視（圖1）。

【動作要領】

　　①身體正直，呼吸自然。

　　②兩肩放鬆，收腹斂臀，含胸拔背。

　　③頭宜正直，下頜內收，口微開、精神集中。

【易犯錯誤】

　　①雙臂緊夾身體，聳肩身體僵直。

　　②身體前俯、後仰、歪斜，挺胸、凸腹、突臀。

【動作方向】

　　此動作身體向南方。

第1式 起勢

　　接上式，身體自然直立，重心於右腿，左腳跟微提起，左前腳掌踏地，眼向前平視（圖2）。

【動作要領】

　　①身體正直，呼吸自然。

　　②兩肩放鬆，收腹斂臀，含胸拔背。

【易犯錯誤】

　　①重心偏於右側，身體向右傾倒。

　　②腳跟提起過高，身體重心起伏。

【動作方向】

　　此勢動作身體向南方向。

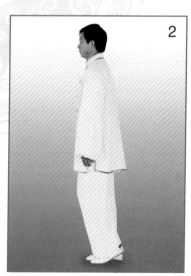

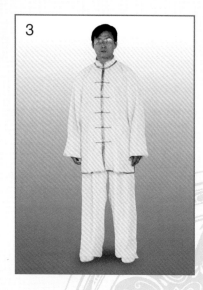

身體自然直立，左腳向左側輕分開，前腳掌先踏地，隨重心左移；全腳掌踏實，雙腳與肩同寬，腳尖向前，眼向前平視（圖3）。

【動作要領】

①呼吸自然，身體正直。

②兩肩放鬆，收腹斂臀，含胸拔背。

【易犯錯誤】

①開步過大，聳肩。

②兩臂與身體過於夾緊。

【動作方向】

此動作身體向南方向。

兩臂由體側向前慢慢平舉，與肩同高，雙臂與胸同寬，掌心向下，掌指向前，眼向前平視（圖4）。

【動作要領】

①立身中正，雙肩鬆沉，雙肘微下垂，掌指微屈。

②其它要領同預備勢。

【易犯錯誤】

①雙肩聳起，挺肘，上體前俯。

②挺胸、突臀左右歪髖。

【動作方向】

此動作身體向南方向。

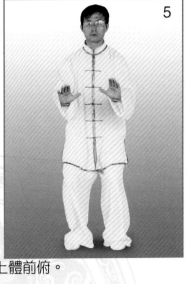

兩腿慢慢向下屈蹲，同時兩掌下按落至腹前，掌心向下，掌指向前，眼向前平視（圖5）。

【動作要領】

①立身中正，斂臀，雙肩鬆沉，雙肘微下垂，掌指微屈。

②雙腿屈蹲幅度適宜，成半屈蹲狀。

③肘膝相對，按掌與屈膝動作協調完成。

【易犯錯誤】

①肩聳起，按掌、突臀、弓背，上體前俯。

②下蹲幅度過大，動作不協調。

【動作方向】此動作身體向南方向。

第2式 左右野馬分鬃

接上式，身體微右轉，重心移至右腿，左腳提收於右腳內側，前腳掌落地，成丁步；同時右臂向上提收平屈於胸前，掌心向下，掌指向左；左掌向右下屈肘畫弧於腹前，掌心翻轉向上，掌指向右。眼隨體轉向前平視（圖6）。

【動作要領】

①身體正直，沉肩垂肘，雙臂撐圓。

②右掌與左肩同高，右肘低於右掌。

【易犯錯誤】

上體前俯，突臀，雙肩聳起，左臂緊夾身體，雙臂僵直。

【動作方向】

此勢動作身體向西南方向。

身體向左轉，重心於右腿，左腳提起向前邁出，腳跟先落地，腳尖翹起，隨身體轉動，雙手保持原抱球狀，眼隨體轉向前平視（圖7）。

【動作要領】

①左腳邁步應稍偏左，左腿膝關節不可挺直。

②立身中正，斂臀，腳尖翹起的角度應小於90度。

【易犯錯誤】

上體前俯或後仰，左膝挺直。

【動作方向】

此勢動作身體向東南方向。

身體微向左轉，重心左移，左腳全腳掌落地踏實，左腿屈膝慢慢向前弓出；右腳跟稍外展，成左弓步。左掌向左上分出，掌心側向上，掌指向前，與眼平；右掌向下按於右髖側，掌心向下，掌指向前。眼視左掌方向（圖8）。

【動作要領】

①弓步時左膝與左腳尖在同一垂線上，右腿自然蹬直，雙腳不可在同一直線上。

②沉肩垂肘，雙臂保持弧形。

③轉體、弓步、分掌等動作應協調一致。

【易犯錯誤】

上體前俯，突臀，聳肩。左右歪髖。

【動作方向】

此勢動作身體向東方向。

接上式，重心移於右腿，右腿屈膝，左腳尖翹起，成坐步；雙掌保持上勢定勢姿勢不變。眼向前平視。（圖9）。

【動作要領】

①重心右移後坐，左腳尖翹起，身體保持中正。

②左腳尖翹起角度應小於90度。

【易犯錯誤】

身體姿勢起伏，上體後仰，突臀，聳肩。

【動作方向】

此勢動作身體向東方向。

身體向左轉，左腳尖外展45度，重心移至左腿，左腳全腳掌落地踏實；右腳提收於左腳內側，前腳掌踏地。左掌翻轉掌心向下，左臂在胸前平屈，掌指向右；右掌隨體轉向左下畫弧於腹前，掌心向上，掌指向左。眼隨體轉向前平視。（圖10）

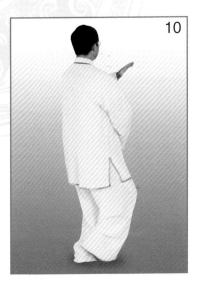

【動作要領】

立身中正，沉肩垂肘，鬆腰沉髖，雙臂撐圓。

【易犯錯誤】

聳肩、抬肘，俯身突臀，雙臂緊夾身體。

【動作方向】

此勢動作身體向東北方向。

　　身體微向右轉，重心於左腿，右腳提起向前邁出，腳跟先落地，腳尖翹起，隨身體轉動雙掌保持抱球狀，眼隨體轉向前平視（圖11）。

【動作要領】

　　①右腳邁出應稍偏右，以保持重心穩固。

　　②身體正直，斂臀，鬆腰沉髖，雙臂撐圓。

【易犯錯誤】

　　上體前俯或後仰，突臀，左右歪髖，重心起伏。

　　身體向右轉，重心右移，右腳全腳掌落地踏實，右腿屈膝慢慢向前弓出，成右弓步。右掌向右上方分出，掌心側向上，掌指向前與眼平；左掌向下按於左髖側，掌心向下，掌指向前。眼視右掌方向（圖12）。

【動作要領】

　　①弓步時右膝與右腳尖在同一垂線上，右腿自然蹬直，雙腳不可在同一直線上。

　　②沉肩垂肘，雙臂保持弧形。

　　③轉體、弓步、分掌等動作應協調一致。

【易犯錯誤】

　　上體前俯，突臀，聳肩。左右歪髖。

【動作方向】

　　此勢動作身體向東方向。

第3式 白鶴亮翅

接上式，身體微向右轉，重心於右腿，左腳提起向前跟半步，前腳掌踏地；右掌翻轉掌心向下，右臂平屈於胸前，掌指向左，左掌向右畫弧於右腹前，翻轉掌心向上，掌指向右。眼隨體轉向前平視（圖13）。

【動作要領】

①左腳向前跟步時，身體重心應保持平穩，雙腿不可僵持。

②身體保持中正，鬆腰沉髖，雙臂撐圓。

【易犯錯誤】

①跟步距離不合適，身體重心前傾。

②聳肩，突臀，雙臂僵直。

【動作方向】

此勢動作身體向東南方向。

身體向左轉，重心移於左腿，左腳全腳掌落地踏實，身體後坐，成坐步；隨身體轉動，雙掌開始向左上、右下分開。眼隨體轉向前平視（圖14）。

【動作要領】

①身體後坐，重心左移，動作速度要勻緩，左腳踏實與前進方向成45度。

②立身中正，鬆腰沉髖，雙肩鬆沉，雙肘下垂。

【易犯錯誤】

①重心左移速度過快，身體向左傾倒。

②身體歪斜，左右歪髖。

【動作方向】

此勢動作身體向東北方向。

　　身體向右轉，重心於左腿，右腳提起稍做調整後，前腳掌踏地，成右虛步；同時左掌繼續向上畫弧停於左額前，掌心側向後，掌指向上；右掌向下按至右腿外側，掌心向下，掌指向前。眼向前平視（圖15）。

【動作要領】

　　①上體正直，鬆腰沉髖，沉肩垂肘，雙臂撐圓。

　　②轉體，分掌、虛步動作要協調一致，同時完成。

【易犯錯誤】

　　①身體前俯或後仰，突臀、左右歪髖。

　　②身體重心起伏，雙臂僵直。

【動作方向】

　　此勢動作身體向東方向。

第4式 左右摟膝拗步

　　接上式，身體微向右轉，重心於左腿，左掌由左額前向右落於面前，掌心向上，掌指斜向前；右掌保持上式動作姿勢不變。眼視左掌方向。（圖16）

【動作要領】

　　①左掌向右下落不超過身體中線。

　　②上體正直，鬆腰沉髖，沉肩垂肘，雙臂撐圓。

【易犯錯誤】

　　①身體前俯或後仰，突臀、左右歪髖。

　　②身體重心起伏，雙臂僵直。

【動作方向】

　　此勢動作身體微向東南方向。

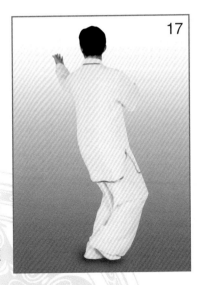

身體向左轉，重心於左腿，右腳提收於左腳內側，前腳掌踏地；左掌向下經體側（髖旁）向左後上方畫弧至掌與耳同高，掌心側向上，掌指側向上；右掌向上經面前畫弧於左肩前，掌心向下，掌指向左。眼視左掌方向（圖17）。

【動作要領】

①身體正直，鬆肩垂肘，左掌向左畫弧的角度應在左後45度。

②轉體、收腳和雙掌運轉動作應協調一致，一氣呵成。

【易犯錯誤】

①轉體幅度太大，身體向左傾倒。

②聳肩揚肘，雙臂緊夾身體。

【動作方向】

此勢動作身體向東北方向。

身體微向右轉，重心於左腿，右腳提起向前邁出，腳跟先落地；腳尖翹起，左掌屈肘收於左耳側，掌心向前，掌指向上；右掌隨體轉落於左腹前，掌心向下，掌指向左。眼隨體轉向前平視（圖18）。

【動作要領】

①左掌屈收於左耳側，虎口對耳。

②身體重心平穩，雙臂撐圓。

【易犯錯誤】

①上體前俯、突臀，重心起伏。

②雙臂，雙腿動作僵直。

【動作方向】

此勢動作身體向東北方向。

身體繼續向右轉，重心右移，右腳全腳掌踏實，右腿屈膝慢慢向前弓出，成右弓步；左掌由耳側向前推出，掌心向前，掌指向上，腕與胸平；右掌向下由右膝前摟過，按於右膝外側，掌心向下，掌指向前。眼向前平視（圖19）。

【動作要領】

①立身中正，鬆腰沉髖，鬆肩垂肘，舒指展掌。

②雙掌動作應與轉體弓步動作協調一致，同時完成。

【易犯錯誤】

上體前俯、突臀，重心起伏，動作不協調。

【動作方向】

此勢動作身體向東方向。

接上式，重心移至左腿，左腿屈膝，身體後坐，右腳尖翹起，右腿自然蹬直，成坐步；左掌轉動掌心向右，掌指向上；右掌翻轉掌心向上，掌指斜向下。眼向前平視。（圖20）

【動作要領】

①立身中正，鬆腰沉髖，鬆肩垂肘，舒指展掌。

②雙腿彎曲，右腿不可僵直。

【易犯錯誤】

上體前俯、突臀，重心起伏，右腿僵直。

【動作方向】

此勢動作身體向東方向。

身體向右轉，右腳尖外展45度，重心移於右腿，右腳全腳掌落地踏實，左腳提收於右腳內側，前腳掌踏地；左掌經面前向右畫弧於右肩前，掌心向下，掌指向右；右掌向右後上方畫弧至掌與耳同高，掌心側向上，掌指側向上。眼視右掌方向（圖21）。

【動作要領】

①上體正直，鬆肩垂肘，右掌向右畫弧的角度應在右後45度為宜。

②轉體，收腳和雙掌運轉動作應協調一致，一氣呵成。

【易犯錯誤】

①轉體幅度太大，身體向右傾倒。

②聳肩揚肘，雙臂緊夾身體。

【動作方向】

此勢動作身體向東南方向。

身體微向左轉，重心於右腿，左腳提起向前邁出，腳跟先落地，腳尖翹起；右掌屈肘收於右耳側，掌心向前，掌指向上；左掌隨體轉落於右腹前，掌心向下，掌指向右。眼隨體轉向前平視（圖22）。

【動作要領】

①掌屈收於右耳側，虎口對耳。

②身體重心平穩，雙臂撐圓。

【易犯錯誤】

①體前俯、突臀，重心起伏。

②雙臂，雙腿動作僵直。

【動作方向】

此勢動作身體向東南方向。

身體繼續向左轉，重心左移，左腳全腳掌踏實，左腿屈膝慢慢向前弓出，成左弓步；右掌由耳側向前推出，掌心向前，掌指與鼻平；左掌向下由左膝前摟過，按於左膝外側，掌心向下，掌指向前。眼向前平視（圖23）。

【動作要領】

①立身中正，鬆腰沉髖，鬆肩垂肘，舒指展掌。

②雙掌動作應與轉體弓步動作協調一致同時完成。

【易犯錯誤】

上體前俯、突臀，重心起伏，動作不協調。

【動作方向】

此勢動作身體向東方向。

第5式 進步搬攔捶

接上式，重心移於右腿，右腿屈膝，身體緩慢後坐，左腳尖翹起，左腿自然蹬直，成坐步；雙掌保持上式動作姿勢不變。眼向前平視（圖24）。

【動作要領】

①立身中正，鬆腰沉髖，鬆肩垂肘，舒指展掌。

②雙腿彎曲，左腿不可僵直。

【易犯錯誤】

上體前俯、突臀，重心起伏，右腿僵直。

【動作方向】

此勢動作身體向東方向。

身體向左轉，左腳尖外展45度，重心移於左腿，左腳全腳掌落地踏實，右腳跟提起；隨體轉右掌握拳，向下畫弧經腹前落於左肋側，拳心向下，拳眼向內；左掌向右向上畫弧至胸前，掌心向下，掌指向右。眼隨體轉向前平視（圖25）。

【動作要領】

①身體左轉與左腳轉動方向一致，為左側前45度。

②立身中正，鬆肩垂肘，雙臂撐圓。

【易犯錯誤】

①轉體幅度大，身體向左傾倒。

②身體重心起伏，聳肩，雙臂緊夾身體。

【動作方向】

此勢動作身體向東北方向。

身體向右轉，重心於左腿，右腳提起向前邁出，腳跟先落地，腳尖翹起；隨體轉右拳經胸前向前翻壓，拳心向上，拳與胸平；左掌向下按於左髖側，掌心向下，掌指向右。眼隨體轉向前平視。（圖26）

【動作要領】

①身中正，鬆腰沉髖，鬆肩墜肘，雙臂撐圓。

②左掌右拳與右腳邁出動作要協調一致。

【易犯錯誤】

身體前俯，突臀左右歪髖，動作脫節。

【動作方向】

此勢動作身體向東方向。

身體向右轉，右腳尖外展45度，重心移於右腿；右腳全腳掌落地踏實，右腿屈膝，同時左腳跟提起；隨體轉，左掌向左畫弧於體左側，掌心斜向右下方，掌指向上；右臂內旋，右拳向右轉動拳心向外，向右平展，與胸平。眼隨體轉向前平視（圖27）。

【動作要領】

①身體中正，鬆肩垂肘，雙臂成弧形。

②雙手動作應與身體轉動協調完成。

【易犯錯誤】

①身體前俯，聳肩，雙臂僵直。

②手腳動作不協調動作脫節。

【動作方向】

此勢動作身體向偏東南方向。

身體微向右轉，重心於右腿，左腳提起向前邁出，腳跟先落地，腳尖翹起；左掌繼續向體前攔掌於身體中線，腕與胸平，掌心向右，掌指向上；右拳翻轉向下屈臂捲收於右腰側，拳心向上。眼視左掌方向（圖28）。

【動作要領】

①身體中正，鬆肩垂肘，雙臂撐圓。

②攔掌，收拳，邁步動作應同時協調完成。

【易犯錯誤】

①上體前俯，突臀，聳肩抬肘。

②動作脫節，重心起伏。

【動作方向】

此勢動作身體向東南方向。

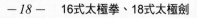

身體微向左轉，重心移於左腿，左腳全腳掌踏實，左腿屈膝慢慢向前弓出，成左弓步；同時，右拳由腰側向前打出，拳眼向上，拳與胸平；左掌屈臂收於右前臂內側，掌心向右，掌指向上。眼向前平視（圖29）。

【動作要領】

　　①右拳向前打出時，右前臂邊內旋邊打出。

　　②上體正直，鬆腰沉髖，沉肩墜肘，雙臂成弧形。

【易犯錯誤】

　　俯身、突臀、聳肩。

【動作方向】

　　此勢動作身體向東方向。

第6式 如封似閉

　　接上式，左掌翻轉掌心向上，由右腕下向前伸出，右拳變掌，雙掌心向上，平舉於體前，與肩同寬，掌指向前。眼向前平視（圖30、圖31）。

【動作要領】

　　①向前穿出時，應邊翻掌邊伸出。

　　②身體正直，鬆肩垂肘，雙臂微屈。

【易犯錯誤】

　　身體前俯，雙臂僵直。

【動作方向】

　　此勢動作身體向東方向。

重心移於右腿，右腿屈膝，身體後坐，左腳尖翹起，成坐步；兩臂屈肘回收，雙掌邊翻轉掌心向下，邊沿弧線經胸前落

於兩肋前，掌心斜向下，掌指斜向上。眼向前平視（圖32）。

【動作要領】

①上體正直，斂臀直背，鬆腰髖，沉肩肘。

②身體後坐，重心要平穩，雙臂撐圓。

【易犯錯誤】

身體前俯，雙臂僵直，重心起伏。

【動作方向】

此勢動作身體向東方向。

重心回移於左腿，左腳全腳掌踏實，左腿屈膝慢慢向前弓出，成左弓步；雙掌同時向前按出，掌心向前，掌指向上，與胸平。眼向前平視。（圖33）

【動作要領】

①雙掌向前按出時，雙臂與肩同寬。

②上體正直，鬆肩沉肘，鬆腰沉髖。

【易犯錯誤】

身體前俯，雙臂僵直，重心起伏。

【動作方向】

此勢動作身體向東方向。

第7式 單鞭

接上式，身體向右轉，右腳尖外展，左腳尖內扣，重心移於右腿，隨體轉；右掌向右平撐於體右側，腕與肩平，掌心向外，掌指向上；同時，左掌向下畫弧於右腹前，掌心向內，掌指向右下。眼視右掌方向（圖34）。

【動作要領】

①右腳轉動的角度為 45 度為宜，左腳內扣為 90 度。

②身體中正，鬆腰沉髖，沉肩垂肘，雙臂撐圓，重心移動要平緩。

【易犯錯誤】

身體前俯，突臀，雙臂僵直，重心起伏。

【動作方向】

此勢動作身體向南方向。

　　身體微向右轉，重心於右腿，右
腿屈蹲，左腳提收於右腳內側，前腳
掌踏地；右掌變勾手，腕與肩平，勾
尖向下；左掌向上畫弧於右肩前，掌
心向內，掌指向右。眼視勾手方向
（圖35）。

【動作要領】

　　①身體中正，鬆腰沉髖，沉肩垂
肘，雙臂撐圓。

　　②右勾手方向以右側前45度為
宜。

【易犯錯誤】

　　①身體前俯，突臀，雙臂僵直，
重心起伏。

　　②轉體幅度大身體向右傾倒。

【動作方向】

　　此勢動作身體向西南方向。

　　身體向左轉，重心於右腿，左腳
提起向前邁出，腳跟先落地，腳尖翹
起；隨體轉，左掌經面前向左畫弧。
眼視左掌方向（圖36）。

【動作要領】

　　①左腳邁出，動作方向應稍偏
左。

　　②身體中正，鬆腰沉髖，沉肩垂
肘，雙臂撐圓。

【易犯錯誤】

　　突臀，雙臂僵直，重心起伏。

【動作方向】

　　此勢動作身體向南方向。

　16式太極拳、18式太極劍

身體向左轉，重心移於左腿，左
腳全腳掌落地踏實，左腿屈膝慢慢向
前弓出，成左弓步；隨體轉，左掌繼
續向體前推出，轉動掌心向前，掌指
向上，腕與肩平。眼向前平視（圖37）。

【動作要領】

①身體中正，鬆腰沉髖，沉肩垂
肘，雙臂撐圓。

②左掌左膝、右掌右膝上下相
對，弓步推掌動作協調一致。

【易犯錯誤】

①突臀，雙臂僵直，重心起伏。

②雙腳在同一直線上，重心不穩。

【動作方向】

此勢動作身體向東方向。

第8式 手揮琵琶

接上式，身體向左轉，重心於左
腿，右腳提起向前跟半步，前腳掌落
地踏實；同時，左掌向下畫弧落於左
髖側，掌心向下，掌指向前；右勾手
變掌隨體轉向體前平擺，掌心向上，
掌指向前，腕與肩平。眼隨體轉向前
平視（圖38）。

【動作要領】

身體中正，鬆腰沉髖，沉肩垂
肘，雙臂撐圓。

【易犯錯誤】

跟步距離大，身體向前傾倒。

【動作方向】

此勢動作身體向東方向。

　　身體微向右轉，重心移於右腿，右腳全腳掌落地踏實，身體後坐，成坐步，左腳跟微抬起；右臂屈肘收於胸前，翻轉掌心向下，掌指向左；左掌向左而上畫弧於體前，掌心向下，掌指向前。眼隨體轉向前平視。（圖39）

【動作要領】

　　①身體中正，鬆腰沉髖，雙肩鬆沉，雙肘下垂。

　　②動作要協調一致。

【易犯錯誤】

　　雙肩聳起，動作脫節。

【動作方向】

　　此勢動作身體向東南方向。

　　身體微向左轉，重心於右腿，左腳提起略前移腳跟落地，成左虛步；隨體轉雙臂向內相合，左腕與肩同高，掌心向右，掌指側向上，右掌合於左臂內側，掌心向左，掌指側向上，與左肘相對。眼向前平視（圖40）。

【動作要領】

　　①身體中正，鬆腰沉髖，雙肩鬆沉，雙肘下垂。

　　②含胸拔背，虛步與雙掌動作協調一致。

【易犯錯誤】

　　雙臂緊夾身體，俯身突臀，雙肩聳起，動作脫節。

【動作方向】

　　此勢動作身體向東方向。

第9式 左右倒捲肱

接上式，身體微向右轉，重心於右腿；右掌翻轉掌心向上，向下落於右髖側，掌心向上，掌指向前；同時，隨體轉，左掌微向前展，掌心向前，掌指向上，腕與肩平。眼隨身體轉動向前平視（圖41）。

【動作要領】

①身體中正，鬆腰沉髖，雙肩鬆沉，雙肘下垂。

②身體轉動與雙掌動作同時完成。

③右掌畫弧的方向應為右後45度。

【易犯錯誤】

①雙臂展平，雙肘僵直，雙肩聳起，動作脫節。

②左右歪髖，俯身突臀。

【動作方向】

此勢動作身體向東南方向。

身體微向左轉，重心於右腿，左腿屈膝提起，腳尖自然下垂；右掌向右後上方畫弧與耳同高，掌心向上，掌指向右；左掌翻轉掌心向上，掌指向前，腕與肩平。眼先視右掌然後再視左掌（圖42）。

【動作要領】

①身體中正，鬆腰沉髖，雙肩鬆沉，雙肘下垂。

②左膝提起，雙臂平展，身體重心要平穩。

【易犯錯誤】

左腳上提過高，身體重心不穩。

【動作方向】

此勢動作身體向東南方向。

身體繼續左轉，重心於右腿，左腳向後（略偏左）退步，前腳掌踏地；右臂屈肘，右掌收於右耳側，掌心向前，掌指向上。眼隨體轉向前平視（圖43）。

【動作要領】

①身體中正，鬆腰沉髖，雙肩鬆沉，雙肘下垂。

②左腳退步時應落在偏左位置，以避免雙腳在同一直線上。

【易犯錯誤】

上體前俯突臀，雙腳在同一直線，造成身體重心不穩。

【動作方向】

此勢動作身體向東方向。

身體微向左轉，重心移於左腿，左腳跟內扣，左腳全腳掌落地踏實；右腳以前腳掌為軸，將腳轉正，全腳掌踏實，左腿屈膝，成坐步；隨體轉雙掌交錯，右掌在上，左掌在下，右掌繼續向前推出，掌心向前，掌指向上，腕與肩平；左掌向下落收於腹前，掌心向上，掌指側向右。眼視右掌方向（圖44）。

【動作要領】

①身體中正，鬆腰沉髖，雙肩鬆沉，雙肘下垂。

②左腳跟向內擰轉，落地踏實，與正前方成45度。

③雙掌動作與轉體、右腳轉正，同時協調完成。

【易犯錯誤】

上體前俯、突臀，左右歪髖。

【動作方向】

此勢動作身體向東北方向。

身體微向左轉，重心於左腿，左掌翻轉掌心向上，向下落於左髖側，掌心向上，掌指向前；同時，隨體轉；右掌微向前展，掌心向前，掌指向上，腕與肩平。眼隨身體轉動向前平視（圖45）。

【動作要領】

①身體中正，鬆腰沉髖，雙肩鬆沉，雙肘下垂。

②身體轉動與雙掌動作同時完成。

③左掌畫弧的方向應為左後45度。

【易犯錯誤】

①掌平，雙肘僵直，雙肩聳起，動作脫節。

②左右歪髖，俯身突臀。

【動作方向】

此勢動作身體向東北方向。

身體微向左轉，重心於左腿，右
腿屈膝提起，腳尖自然下垂；左掌向
左後上方畫弧與耳同高，掌心向上，
掌指向左；右掌翻轉掌心向上，掌指
向前，腕與肩平。眼先視左掌然後再
視右掌（圖46）。

【動作要領】

①身體中正，鬆腰沉髖，雙肩鬆
沉，雙肘下垂。

②右膝提起，雙臂平展，身體重
心要平穩。

【易犯錯誤】

右腳上提過高，身體重心不穩。

【動作方向】

此勢動作身體向東北方向。

身體繼續右轉，重心於左腿，右腳向後（略偏右）退步，
前腳掌踏地；左臂屈肘，左掌收於左耳側，掌心向前，掌指向
上。眼隨體轉向前平視（圖47）。

【動作要領】

①身體中正，鬆腰沉
髖，雙肩鬆沉，雙肘下垂。

②右腳退步時應落在偏
右位置，以避免雙腳在同一
直線上。

【易犯錯誤】

上體前俯突臀，雙腳在
同一直線，造成身體重心不
穩。

【動作方向】

此勢動作身體向東方
向。

身體微向右轉，重心移於右腿，右腳跟內扣，右腳全腳掌落地踏實；左腳以前腳掌為軸，將腳轉正，全腳掌踏實，右腿屈膝，成坐步；隨體轉雙掌交錯，左掌在上，右掌在下，左掌繼續向前推出，掌心向前，掌指向上，腕與肩平；右掌向下落收於腹前，掌心向上，掌指側向左。眼視左掌方向（圖48）。

【動作要領】

①身體中正，鬆腰沉髖，雙肩鬆沉，雙肘下垂。

②右腳跟向內擰轉，再落地踏實，與正前方成45度。

③雙掌動作與轉體、左腳轉正，同時協調完成。

【易犯錯誤】

上體前俯、突臀，左右歪髖。

【動作方向】

此勢動作身體向東北方向。

第10式 左右穿梭

接上式，身體向右轉，重心於右腿，左腳尖內扣；隨體轉，右掌向上穿起，掌心向內，掌指向上，腕與肩平；左掌向下向右畫弧於腹前，掌心向上，掌指向右。眼隨體轉向前平視（圖49）。

【動作要領】

①身體中正，鬆腰沉髖，雙肩鬆沉，雙臂撐圓。

②左腳尖內扣角度要大，以利於下一動作的完成。

【易犯錯誤】

上體前俯、突臀，左右歪髖。

【動作方向】

此勢動作身體向南方向。

身體繼續向右轉，重心移於左腿，隨體轉，右腳提起向前邁出，腳跟先落地，腳尖翹起；右掌翻轉掌心向下，掌指向左，與肩平；左掌轉動掌心向上，掌指向右，雙掌成抱球狀。眼隨體轉向前平視（圖50）。

【動作要領】

①身體中正，鬆腰沉髖，雙肩鬆沉，雙臂撐圓。

②右腳的邁出方向應在原前進方向的右後 45 度。

【易犯錯誤】

①上體前俯、突臀，左右歪髖。

②右腳的邁步方向錯誤。

【動作方向】

此勢動作身體向西南方向。

身體繼續向右轉，右腳外展 45 度，重心移於右腿，右腳全掌落地踏實，左腳提起經右腳內側向前邁出，腳跟先落地，腳尖

翹起；隨體轉，左掌微向下，掌心向上，掌指向右 ；右掌微向上掌心向前，掌指向上，左右弧形分開。眼隨體轉向前平視（圖51）。

【動作要領】

①身體中正，鬆腰沉髖，雙肩鬆沉，雙臂撐圓。

②雙掌分開要呈立圓，手腳動作要協調。

【易犯錯誤】

①體前俯、突臀，左右歪髖。

②雙掌分開動作路線大，勁力脫節。

【動作方向】

　此勢動作身體向西南方向。

身體向左轉，重心移於左腿，左
腳全腳掌落地踏實，左腿屈膝慢慢向
前弓出，成左弓步；右掌經胸前向體
前推出，掌心向前，掌指向上，腕與
胸平；左掌翻掌向上舉架於左額前上
方，掌心向前，掌指向右。眼視右掌
方向（圖52）。

【動作要領】

①上體正直，鬆腰髖，鬆肩沉
肘，雙臂撐圓。

②弓步與雙掌的動作要協調，同
時完成。

【易犯錯誤】

①上體前俯、突臀，左右歪髖。

②動作不協調，雙臂僵直。

【動作方向】

此勢動作身體向西南方向。

身體微向右轉，重心移於右腿，
右膝屈弓，左腳尖翹起，身體後坐，
成坐步，雙掌開始向左右微分開，眼
視右掌方向（圖53）。

【動作要領】

①上體正直，鬆腰髖，雙臂撐
圓。

②雙腿不可挺直，突臀，重心移
動要平緩。

【易犯錯誤】

①上體前俯、突臀，左右歪髖。

②雙腿僵直，重心起伏。

【動作方向】

此勢動作身體向西南方向。

身體微向左轉，左腳尖微內扣，重心移於左腿，左腳全腳掌落地踏實，右腳提收於左腳內側，前腳掌踏地；左臂平屈於胸前，掌心向下，掌指向右；右掌向下落畫弧於腹前，掌心向上，掌指向左。眼視左掌方向（圖54）。

【動作要領】

①上體正直，鬆腰髖，雙臂撐圓。

②左掌與右肩平，肘關節低於掌指。

【易犯錯誤】

上體前俯、突臀，左右歪髖，重心不穩。

【動作方向】

此勢動作身體向西北方向。

身體向右轉，重心於左腿，右腳提起經左腳內側向前邁出，腳跟先落地，腳尖翹起；隨體轉，右掌微向上畫弧，掌心向上，掌指向左；左掌微向下畫弧，掌心向前，掌指向上，左右弧形分開。眼隨體轉向前平視（圖55）。

【動作要領】

①身體中正，鬆腰沉髖，雙肩鬆沉，雙臂撐圓。

②雙掌分開要呈立圓，手腳動作要協調。

【易犯錯誤】

①體前俯、突臀，左右歪髖。

②雙掌分開動作路線大，勁力脫節。

【動作方向】

此勢動作身體向西北方向。

身體向右轉，重心移於右腿，右腳全腳掌落地踏實，右腿屈膝慢慢向前弓出，成右弓步；左掌經胸前向體前推出，掌心向前，掌指向上，腕與胸平；右掌翻掌向上舉架於右額前上方，掌心向前，掌指向左。眼視左掌方向。（圖56）

【動作要領】

①上體正直，鬆腰髖，鬆肩沉肘，雙臂撐圓。

②弓步與雙掌的動作要協調，同時完成。

【易犯錯誤】

①上體前俯、突臀，左右歪髖。

②動作不協調，雙臂僵直。

【動作方向】

此勢動作身體向西北方向。

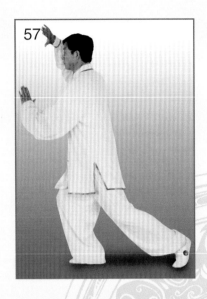

第11式 海底針

接上式，重心於右腿，左腳提起向前跟半步，前腳掌踏地；雙掌同時向前微展。眼向前平視（圖57）。

【動作要領】

①身體中正，鬆腰沉髖，雙肩鬆沉，雙臂呈弧形。

②左腳跟步時應稍偏左為下一動作調整成正方向做準備。

【易犯錯誤】

上體前俯、突臀，左右歪髖。

【動作方向】

此勢動作身體向西方向。

身體向左轉，左腳以前腳掌為軸向內擰轉，全腳落地踏實，重心移於左腿，右腳跟提起；左掌向下經左髖側再向上提收於左耳側，掌心向左，掌指向前；右掌經面前下落於腹前，掌心向下，掌指向左。眼隨體轉向前平視（圖58、59）。

【動作要領】

①身體中正，鬆腰沉髖，雙肩鬆沉，雙臂呈弧形。

②左腳跟向內擰轉以達到45度為宜。

③雙手的動作要與轉體協調完成。

【易犯錯誤】

①左掌上提過高動作不協調。

②上體前俯、突臀，左右歪髖。

【動作方向】

此勢動作身體向西南方向。

身體向右轉，重心於左腿，右腳提起，稍做調整前腳掌踏地，成右虛步，身體前俯；隨體轉，左掌由耳側向前下方插掌，掌心向右，掌指向前下方；右掌由腹前經右膝前按於右腿側，掌心向下，掌指向前。眼視前下方（圖60）。

【動作要領】

①鬆腰沉髖，雙肩鬆沉，雙臂呈弧形。

②此動作右腳成虛步時，應調整落腳點，以避免出現雙腳在同一直線。

③雙手的動作要與轉體、虛步協調完成。

【易犯錯誤】

上體過於前俯，重心向前傾倒。

【動作方向】

此勢動作身體向西方向。

第12式 閃通背

接上式，身體微向左轉，重心於左腿，左腳前腳掌踏地成左虛步；右掌附於左手腕，掌心向右，掌指斜向下。眼視前下方（圖61）。

【動作要領】

鬆腰沉髖，雙肩鬆沉，雙臂呈弧形。

【易犯錯誤】

上體過於前俯，重心向前傾倒。

【動作方向】

此勢動作身體向西方向。

身體向左轉，重心於左腿，右腳提收於左腳內側前腳掌踏地；左掌上提於左肩前，掌心向右，掌指向前；右掌附於左手手腕內側，掌心向外，掌指向上。眼向前平視（圖62）。

【動作要領】

①上體正直，雙肘下垂，雙臂撐圓，斂臀直背。

②右腳提收重心保持平穩。

【易犯錯誤】

聳肩，重心起伏，雙腿挺直。

【動作方向】

此勢動作身體向西南方向。

身體微向轉，重心於左腿，右腳提起向前邁出，腳跟先落地，重心移於右腿，右腳全腳掌落地踏實，右腿屈膝慢慢向前弓出成右弓步；右掌向體前推出，掌心側向前，掌指向上；左掌向左額額前上方推撐，掌心向外，掌指斜向前。眼隨體轉向前平視（圖63）。

【動作要領】

①上體正直，鬆肩垂，雙臂撐圓，直背舒臂。

②弓步與左右掌的推撐動作協調完成。

【易犯錯誤】

聳肩，重心起伏，雙臂伸直，俯身突臀。

【動作方向】

此勢動作身體向西南方向。

第13式 雲 手

接上式，身體向左轉，左腳外展，右腳內扣，重心移於左腿；隨體轉，左掌向上經面前畫弧平舉於身體左側前，向外掌心，掌指向上；同時，右掌向下經腹前畫弧於左肋前，掌心側向上，掌指向左。眼隨體轉向前平視（圖64）。

【動作要領】

①上體正直，鬆肩垂肘，鬆腰沉髖，雙臂撐圓。

②左掌平舉的方向應為身體左側前 45 度。

【易犯錯誤】

①聳肩，重心起伏 ，雙臂伸直，俯身突臀。

②左轉體幅度太大，重心向後傾倒。

【動作方向】

此勢動作身體向東南方向。

身體向右轉，重心移於右腿；右掌向上畫弧於面前，掌心向內，掌指向上，腕與肩平；左掌向下畫弧於腹前，掌心側向上，掌指向右。眼隨體轉向前平視（圖65）。

【動作要領】

上體正直，鬆肩垂肘，鬆腰沉髖，雙臂撐圓。

【易犯錯誤】

聳肩，重心起伏，雙臂伸直，俯身突臀。

【動作方向】

此勢動作身體向南方向。

身體繼續向右轉，左腳提收於右腳左側，全腳掌落地踏實；隨體轉，右掌繼續向右畫弧平舉於身體右側前，掌心向外，掌指向上；同時，左掌向下經腹前畫弧於右肋前，掌心側向上，掌指向右。眼隨體轉向前平視（圖66）。

【動作要領】

①上體正直，鬆肩垂肘，鬆腰沉髖，雙臂撐圓。

②左掌平舉的方向應為身體右側前45度。

③左腳提收於右腳時雙腳間的距離 10~30 公分為宜。

【易犯錯誤】

①聳肩，重心起伏，雙臂伸直，俯身突臀。

②右轉體幅度太大，重心向後傾倒。

【動作方向】

此勢動作身體向西南方向。

身體向左轉，左掌向上畫弧於面前，掌心向內，掌指向上，腕與肩平；右掌向下畫弧於腹前，掌心側向上，掌指向左。眼隨體轉向前平視。（圖67）

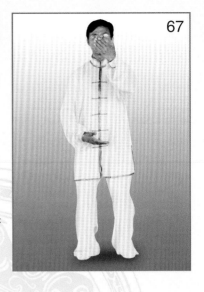

【動作要領】

上體正直，鬆肩垂肘，鬆腰沉髖，雙臂撐圓。

【易犯錯誤】

聳肩，重心起伏，雙臂伸直，俯身突臀。

【動作方向】

此勢動作身體向南方向。

身體繼續向左轉，重心於左腿，右腳提起向右側橫邁一步，前腳掌先落地；隨體轉，左掌繼續向左畫弧平舉於身體左側前，向外掌心，掌指向上；同時，右掌向下經腹前畫弧於左肋前，掌心側向上，掌指向左。眼隨體轉向前平視（圖68）。

【動作要領】

①上體正直，鬆肩垂肘，鬆腰沉髖，雙臂撐圓。

②左掌平舉的方向應為身體左側前 45 度。

③腰的轉動帶動雙掌、橫邁步動作協調完成。

【易犯錯誤】

①聳肩，重心起伏，雙臂伸直，俯身突臀。

②橫邁步距離過大，造成身體重心搖晃。

【動作方向】

此勢動作身體向東南方向。

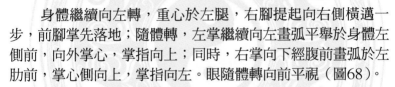

　　身體向右轉，重心移於右腿；右掌向上畫弧於面前，掌心向內，掌指向上，腕與肩平；左掌向下畫弧於腹前，掌心側向上，掌指向右。眼隨體轉向前平視（圖69）。

【動作要領】

　　上體正直，鬆肩垂肘，鬆腰沉髖，雙臂撐圓。

【易犯錯誤】

　　聳肩，重心起伏，雙臂伸直，俯身突臀。

【動作方向】

　　此勢動作身體向南方向。

　　身體繼續向右轉，左腳提收於右腳左側，全腳掌落地踏實；隨體轉，右掌繼續向右畫弧平舉於身體右側前，向外掌心，掌指向上，同時；左掌向下經腹前畫弧於右肋前，掌心側向上，掌指向右。眼隨體轉向前平視（圖70）。

【動作要領】

　　①上體正直，鬆肩垂肘，鬆腰沉髖，雙臂撐圓。

　　②左掌平舉的方向應為身體右側前45度。

　　③左腳提收於右腳時雙腳間的距離10~30公分為宜。

【易犯錯誤】

　　①聳肩，重心起伏，雙臂伸直，俯身突臀。

　　②右轉體幅度太大，重心向後傾倒。

【動作方向】

　　此勢動作身體向西南方向。

第14式 左右攬雀尾

接上式，身體微向左轉，重心於左腿，右腳提收於左腳內側，前腳掌踏地；左掌平舉於胸前翻轉掌心向下，掌指向右，與右肩平；右掌向下畫弧於腹前，翻轉掌心向上，掌指向左，雙掌成抱球狀。眼隨體轉向前平視（圖71）。

【動作要領】

①上體正直，鬆肩垂肘，鬆腰沉髖，雙臂撐圓。

②雙掌相抱與右腳提收協調完成。

【易犯錯誤】

聳肩，重心起伏，雙臂伸直，俯身突臀。

【動作方向】

此勢動作身體向南方向。

身體向右轉，重心於左腿，右腳提起向前邁出，腳跟先落地，雙掌開始向右上、左下分開。眼隨體轉向前平視（圖72）。

【動作要領】

①上體正直，鬆肩垂肘，雙臂撐圓。

②右腳邁出應微偏右，避免雙腳在同一直線。

【易犯錯誤】

重心起伏，雙臂伸直，俯身突臀。

【動作方向】

此勢動作身體向南方向。

身體繼續向右轉，重心移於右腿，右腳全腳掌落地踏實，右腿屈膝慢慢向前弓出，成右弓步；右掌平臂向前掤出，與肩平，掌心向內，掌指向左；左掌向下畫弧按於左髖側，掌心向下，掌指向前。眼向前平視（圖73）。

【動作要領】

①正直，鬆肩垂肘，鬆腰沉髖。

②右臂平屈向前掤出時，雙臂撐圓。

③右腳邁出應微偏右，避免雙腳在同一直線。

【易犯錯誤】

雙臂伸直，俯身突臀，雙腳在同一直線。

【動作方向】

此勢動作身體向西方向。

身體微向右轉重心於右腿，右掌向右側前方展伸出，翻轉掌心向下，掌指向上，腕與肩平，左掌由下經腹前向前上畫弧至右前臂內側，掌心向下，掌指向上。眼隨體轉向前平視（圖74）。

【動作要領】

①上體正直，向前展掌時，角度應不超過45度。

②轉體、展掌動作要和順，雙臂撐圓。

【易犯錯誤】

俯身突臀，轉體角度大，重心向右傾倒。

【動作方向】

此勢動作身體向西北方向。

身體向左轉，重心移於左腿，左腿屈膝，身體後坐，成坐步；隨體轉，雙掌向下經腹前向左後上方畫弧，左掌與耳平，掌心向上，掌指斜向上；右掌平屈於左肩前，掌心向下，掌指向左。眼隨體轉視左掌方向（圖75）。

【動作要領】

①上體正直，向左後畫弧掌時，轉體角度應不超過左後45度。

②轉體、展掌動作要和順，雙臂撐圓。

③轉體、坐步、雙掌上舉動作要自然協調。

【易犯錯誤】

左右歪髖，轉體角度大，重心向左傾倒。

【動作方向】

此勢動作身體向東南方向。

身體向右轉，重心於左腿，成坐步；隨體轉右掌屈臂，平置於胸前，掌心向內，掌指向左；左掌經耳側畫弧搭於右手腕內側，掌心向前，掌指向上。眼隨體轉向前平視（圖76）。

【動作要領】

①上體正直，鬆肩垂肘，鬆腰沉髖，雙臂撐圓。

②轉體、搭手，動作要自然連貫。

【易犯錯誤】

左右歪髖，俯身突臀雙肘揚起，重心向左傾倒。

【動作方向】

此勢動作身體向西方向。

重心右移，右腿屈膝慢慢向前弓出，成右弓步；雙掌向前擠出，腕與肩平，右掌心向內，掌指向左，左掌心向前，掌指斜向上。眼向前平視。（圖77）

【動作要領】

①上體正直，鬆肩垂肘，鬆腰沉髖。

②雙掌向前擠出時，雙臂撐圓。

③弓步，前擠動作要自然連貫。

【易犯錯誤】

身體前俯，雙臂僵直。

【動作方向】

此勢動作身體向西方向。

重心於右腿，成右弓步；雙掌向前伸展左掌從右掌上伸出，雙掌轉動掌心向下，與肩同高。眼向前平視（圖78）。

【動作要領】

①上體正直，鬆肩垂肘，順腕舒指。

②雙掌向前分開時，雙肘微屈。

【易犯錯誤】

身體前俯，雙臂僵直。

【動作方向】

此勢動作身體向西方向。

重心移於左腿，右腿屈膝，右腳尖翹起，身體後坐，成左坐步；雙掌微向上畫弧屈肘收於胸前，雙掌心向前下，掌指向上。眼向前平視。（圖79）

【動作要領】

上體正直，鬆肩垂肘，順腕舒指。

【易犯錯誤】

身體前俯，雙腋緊夾身體。

【動作方向】

此勢動作身體向西方向。

重心右移，右腳全腳掌落地踏實，右腿屈膝慢慢向前弓出，成右弓步；雙掌微向下再向前上弧形按出，腕與肩平，雙掌心向前，掌指向上。眼向前平視（圖80）。

【動作要領】

①上體正直，鬆肩垂肘，順腕舒指。

②雙臂保持弧形，坐腕，展掌。

【易犯錯誤】

身體前俯，雙腋緊夾身體雙臂挺直。

【動作方向】

此勢動作身體向西方向。

接上式，身體向左轉，右腳尖內扣，重心移至左腿，左腿屈弓；隨身體轉動，左掌掌心向外經面前向身體左側平撐，雙臂在體側成平舉狀，雙掌心向外，腕同肩高，掌指向上。眼視左手方向（圖81）。

【動作要領】

①上體左轉，右腳尖內扣幅度要盡量大。

②上體保持正直，雙肩鬆沉，雙肘微屈。

【易犯錯誤】

①身體前俯後仰。

②右腳內扣幅度小，影響身體向左轉動。

【動作方向】

此勢動作身體向東南方向。

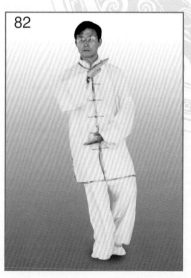

身體微向右轉，重心於右腿，左腳提收於右腳內側，前腳掌踏地；右掌平舉於胸前，翻轉掌心向下，掌指向左，與左肩平；左掌向下畫弧於腹前，翻轉掌心向上，掌指向右，雙掌成抱球狀。眼隨體轉向前平視（圖82）。

【動作要領】

①上體正直，鬆肩垂肘，鬆腰沉髖，雙臂撐圓。

②雙掌相抱與左腳提收協調完成。

【易犯錯誤】

聳肩，重心起伏，雙臂伸直，俯身突臀。

【動作方向】

此勢動作身體向南方向。

身體向左轉，重心於右腿，左腳提起向前邁出，腳跟先落地，腳尖翹起；雙掌開始向左上、右下分開。眼隨體轉向前平視（圖83）。

【動作要領】

①上體正直，鬆肩垂肘，雙臂撐圓。

②左腳邁出應微偏左，避免雙腳在同一直線。

【易犯錯誤】

重心起伏，雙臂伸直，俯身突臀。

【動作方向】

此勢動作身體向南方向。

身體繼續向左轉，重心移於左腿，左腳全腳掌落地踏實，左腿屈膝慢慢向前弓出，成左弓步；左掌平臂向前掤出，與肩平，掌心向內，掌指向右；右掌向下畫弧按於右髖側，掌心向下，掌指向前。眼向前平視（圖84）。

【動作要領】

①上體正直，鬆肩垂肘，鬆腰沉髖。

②左臂平屈向前掤出時，雙臂撐圓。

③左腳邁出應微偏左，避免雙腳在同一直線。

【易犯錯誤】

雙臂伸直，俯身突臀，雙腳在同一直線。

【動作方向】

此勢動作身體向東北方向。

身體微向左轉，重心於左腿；左掌向左側前方展伸出，翻轉掌心向下，掌指向上，腕與肩平；右掌由下經腹前向前上畫弧至左前臂內側，掌心向下，掌指向上。眼視左掌方向（圖85）。

【動作要領】

①上體正直，向前展掌時，角度應不超過 45 度。

②轉體、展掌動作要和順，雙臂撐圓。

【易犯錯誤】

俯身突臀，轉體角度大，重心向右傾倒。

【動作方向】

此勢動作身體向東南方向。

身體向右轉，重心移於右腿，右腿屈膝，身體後坐，成坐步；隨體轉，雙掌向下經腹前向右後上方畫弧，右掌與耳平，掌心向上，掌指斜向上；左掌平屈於右肩前，掌心向下，掌指向右。眼視右掌方向（圖86）。

【動作要領】

①上體正直，向右後畫弧掌時，轉體角度應不超過左後 45 度。

②轉體、展掌動作要和順，雙臂撐圓。

③轉體、坐步、雙掌上舉動作要自然協調。

【易犯錯誤】

左右歪髖，轉體角度大，重心向右傾倒。

【動作方向】

此勢動作身體向東南方向。

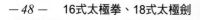

身體向左轉，重心於右腿，成坐步；隨體轉左掌屈臂平置於胸前，掌心向內，掌指向右；右掌經耳側畫弧搭於左手腕內側，掌心向前，掌指向上。眼隨體轉向前平視（圖87）。

【動作要領】

　①上體正直，鬆肩垂肘，鬆腰沉髖，雙臂撐圓。

　②轉體、搭手，動作要自然連貫。

【易犯錯誤】

　左右歪髖，俯身突臀雙肘揚起，重心向右傾倒。

【動作方向】

　此勢動作身體向東方向。

重心左移，左腿屈膝慢慢向前弓出，成左弓步；雙掌向前擠出，腕與肩平，左掌心向內，掌指向右；右掌心向前，掌指斜向上。眼向前平視（圖88）。

【動作要領】

　①上體正直，鬆肩垂肘，鬆腰沉髖。

　②雙掌向前擠出時，雙臂撐圓。

　③弓步、前擠動作要自然連貫。

【易犯錯誤】

　身體前俯，雙臂僵直。

【動作方向】

　此勢動作身體向東方向。

重心於左腿，成左弓步；雙掌向前伸展，右掌從左掌上伸出，雙掌轉動掌心向下，與肩同高。眼向前平視（圖89）。

【動作要領】

①上體正直，鬆肩垂肘，順腕舒指。

②雙掌向前分開時，雙肘微屈。

【易犯錯誤】

身體前俯，雙臂僵直。

【動作方向】

此勢動作身體向東方向。

重心移於右腿，左腿屈膝身體後坐，左腳尖翹起，成坐步；雙掌微向上畫弧屈肘收於胸前，雙掌心向前下，掌指向上。眼向前平視（圖90）。

【動作要領】

上體正直，鬆肩垂肘，順腕舒指。

【易犯錯誤】

身體前俯，雙腋緊夾身體。

【動作方向】

此勢動作身體向東方向。

重心左移，左腳全腳掌落地踏實，左腿屈膝慢慢向前弓出，成左弓步；雙掌微向下再向前上弧形按出，腕與肩平，雙掌心向前，掌指向上。眼向前平視（圖91）。

【動作要領】

①上體正直，鬆肩垂肘，順腕舒指。

②雙臂保持弧形，坐腕，展掌。

【易犯錯誤】

身體前俯，雙腋緊夾身體雙臂挺直。

【動作方向】

此勢動作身體向東方向。

第15式 十字手

接上式，身體向右轉，右腿屈膝後坐，左腳尖內扣，隨體轉；雙掌開始向左右平撐，掌心向外，掌指向上。眼向前平視（圖92）。

【動作要領】

①上體正直，鬆肩垂肘，雙臂保持弧形。

②左腳尖內扣，角度以90度為宜。

【易犯錯誤】

身體歪斜，雙臂挺直。

【動作方向】

此勢動作身體向南方向。

身體繼續向右轉，右腳尖外展，重心移於右腿，右腿屈弓，成右側弓步；右掌隨體轉向右平擺畫弧，與左掌成兩臂側平舉，腕與肩平，雙掌心向外，掌指向體兩側。眼視右掌方向（圖93）。

【動作要領】

①立身中正，鬆腰沉髖，鬆肩垂肘，雙臂保持弧形。

②右腳尖外展，角度以45度為宜。

③右掌與右腳尖方向一致。

【易犯錯誤】

身體前俯，突臀，雙臂挺直。

【動作方向】

此勢動作身體向西南方向。

身體微向左轉，重心移於左腿，右腳尖內扣；雙掌從身體兩側向腹前畫弧相合，左掌在上，雙掌心向上，掌指向左右。眼向前平視（圖94）。

【動作要領】

①立身中正，鬆腰沉髖，鬆肩垂肘，雙臂保持弧形。

②右腳尖內扣，角度以45度為宜。

③轉體幅度要適宜，重心平移要平緩，雙掌相合與重心移動要協調。

【易犯錯誤】

①身體前俯，突臀，雙臂挺直。

②重心移動快造成上下動作脫節。

【動作方向】

此勢動作身體向南方向。

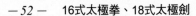

　　重心於左腿，右腳向左腳提收，前腳掌先踏地，然後再全腳掌落地踏實，腳尖向前，雙腳與肩寬；同時身體慢慢直立，雙掌經腹前向上提舉，交叉合抱於胸前，右掌在外，雙掌心向內，掌指側向上。眼向前平視（圖95、96）。

【動作要領】

　　①立身中正，鬆腰沉髖，鬆肩垂肘，雙臂保持弧形。

　　②起身與雙掌提舉動作要協調。

【易犯錯誤】

　　①體前俯，突臀，雙臂挺直。

　　②重心移動快造成上下動作脫節。

【動作方向】

　　此勢動作身體向南方向。

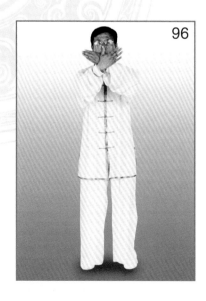

97

第16式 收勢

接上式，雙掌向前，前撐分開，翻轉掌心向下，腕與肩平，掌指向前，雙臂與胸同寬，眼向前平視（圖97）。

【動作要領】

①立身中正，鬆腰沉髖，雙肩鬆沉，雙肘鬆垂，雙臂保持弧形。

②雙臂與肩同寬。

【易犯錯誤】

身體前俯，突臀，雙臂挺直。

【動作方向】

此勢動作身體向南方向。

身體自然直立，重心於右腿，左腳提收於右腳內側，兩腳併攏，成併立步；兩臂慢慢下落於兩髖側，掌心向內，掌指向下，兩掌輕貼大腿外側。眼向前平視（圖98）。

98

【動作要領】

①身體正直，呼吸自然。

②兩肩放鬆，收腹斂臀，含胸拔背。

③頭宜正直，下頜內收，口微開、精神集中。

【易犯錯誤】

①雙臂緊夾身體，聳肩身體僵直。

②身體前俯、後仰、歪斜，挺胸、凸腹、突臀。

【動作方向】

此動作身體向南方。

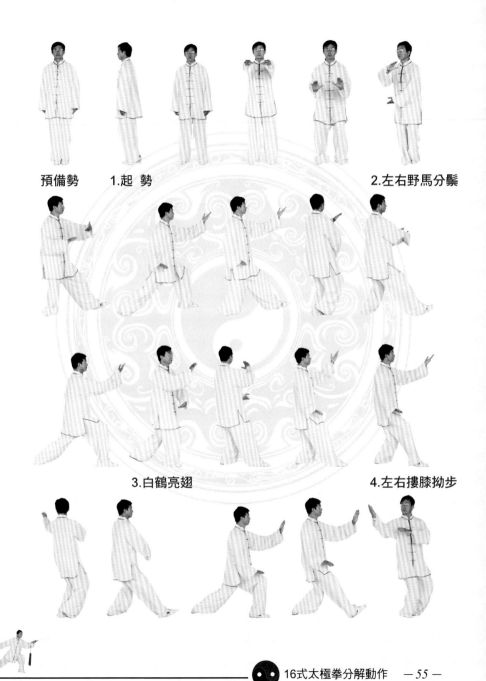

預備勢　　1.起　勢　　　　　　　　　　　　　2.左右野馬分鬃

3.白鶴亮翅　　　　　　　　　　　　4.左右摟膝拗步

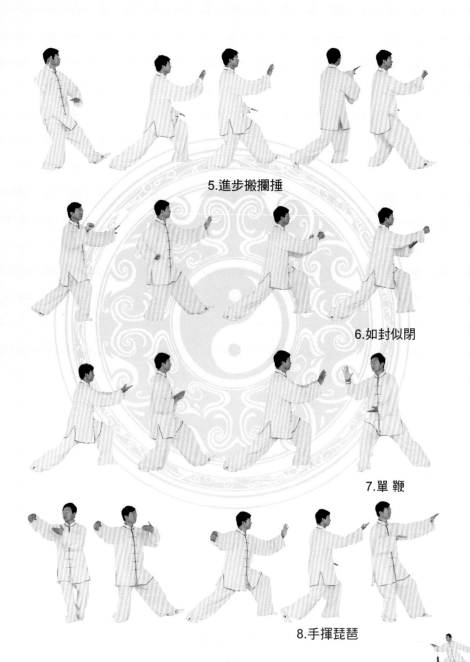

5.進步搬攔捶

6.如封似閉

7.單 鞭

8.手揮琵琶

9.左右倒捲肱

10.左右穿梭

11.海底針

12.閃通背

13.雲 手

14.左右攬雀尾

15.十字手

16.收 勢

18式太極劍

　　18 式太極劍是我國於近年推出的又一新的普及型太極劍套路。它的套路結構動作更加簡潔，易學、易練、易記。更加符合於當今的生活節奏。雖然只有 18 個動作名稱，但是，它的動作特點和風格卻保持了濃郁的楊式太極劍的韻味。劍法清晰，舒展大方，圓活連貫，動靜相間。弓步、退步、獨立步的出現，增加了練習者的腿步力量；身體重心的不斷移動，增強了練習者自身的平衡能力；劍法的運用提高了腕部與肩關節的靈活性；雙臂與雙掌的運轉在沉肩墜肘、鬆腰沉髖的動作要領要求下，達到身體關節間的滑潤，起到了預防關節疾病的作用；立身中正，虛領頂勁，使得體態更加挺拔、舒適。

　　18 式太極劍同時也是中國武術段位制，太極拳 3 段位必修的課程，本書以分解教學的方式由淺入深指導練習者進行學練。

　　預備勢

1. 起　勢
2. 併步點劍
3. 撤步反擊
4. 進步平刺
5. 向右平帶
6. 向左平帶
7. 獨立反刺
8. 轉身弓步劈劍
9. 虛步回抽
10. 併步平刺
11. 右弓步攔劍
12. 左弓步攔劍
13. 進步反刺
14. 上步劈掛
15. 丁步回抽
16. 旋轉平抹
17. 弓步直刺
18. 收　勢

預備勢

　　身體自然直立，兩腳尖向前，成併立步；左手持劍，劍身緊貼左前臂下側，劍身豎直與身體平行，劍尖向上；兩臂自然垂於身體兩側，右掌心向內，掌指向下，輕貼右腿外側；眼向前平視（圖1）。

【動作要領】

　　①頭頸正直，下頦微內收。

　　②兩肩鬆沉，劍身平貼於左臂後側。

【易犯錯誤】

　　①挺胸突臀。

　　②雙臂緊夾身體。

【動作方向】

　　此勢動作身體向南方向。

　　重心於右腿，左腳提起向左邁步，前腳掌先落地；隨後，重心微左移，左腳全腳掌落踏實，腳尖向前；兩腳距離與肩同寬，成開立步；左手持劍不動，右掌握劍指，劍指向下，掌心向內；眼向前平視（圖2）。

【動作要領】

　　①左腳邁出要輕提輕放，重心移動要平緩。

　　②其他要領同預備勢。

【易犯錯誤】

　　身體前俯後仰，雙腋緊夾身體。

【動作方向】

　　此勢動作身體向南方向。

第1式 起勢

接上式，兩臂慢慢向前平舉，與肩平；右掌心向下，劍指向前，左手持劍，掌心向下，劍尖向後；眼向前平視（圖3）。

【動作要領】

①兩臂平舉，與肩同寬。

②兩臂自然彎曲，劍身緊貼在左前臂下側。

【易犯錯誤】

聳肩、抬肘，身體歪斜。

【動作方向】

此勢動作身體向南方向。

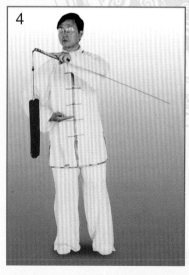

身體微向右轉，右掌翻轉掌心向上，收於腰間，劍指向左；左手持劍隨身體轉動向右橫擺，掌心向下，劍尖向左下；眼隨體轉向前平視。（圖4）

【動作要領】

①向右微轉體，角度應小於45度為宜。

②左右手動作應與轉腰動作協調完成。

【易犯錯誤】

轉體角度過大，身體傾斜。

【動作方向】

此勢動作身體向西南方向。

重心移至右腿，右腿屈膝下蹲，左腳提起向右腳內側收攏，前腳掌踏地；右手劍指由腰向右前上舉，掌心側向左，劍指側向上，腕與肩平；左手持劍屈肘平舉於胸前，掌心向下，劍尖向左；眼視右手方向（圖5）。

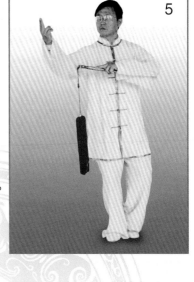

【動作要領】

①上體保持正直。

②右手劍指上舉，掌指略高於肩。

【易犯錯誤】

身體歪斜。

【動作方向】

此勢動作身體向南方向。

身體向左轉，重心於右腿，左腿提起向前邁步，腳跟先落地；右臂屈肘劍指收於耳側，掌心向前，劍指側向上；左手持劍向左下方畫弧於腹前，掌心向下，劍尖向左；眼隨身體轉動向前平視（圖6）。

【動作要領】

①轉體邁步與雙手的動作協調完成。

②左腳邁出，右膝關節微屈。

【易犯錯誤】

右膝挺直、突臀。

【動作方向】

此勢動作身體向東南方向。

身體向左轉，重心前移，左腳全腳掌踏實，左腿屈膝慢慢向前弓出，成左弓步；右手劍指向前伸指出，掌心向前，劍指向上，腕指與肩平；左手持劍停於左髖旁，掌心向後，劍尖向上；眼視右手方向。（圖7）

【動作要領】

①弓步、劍指前伸動協調柔和。

②左手持劍，劍身緊貼左臂與身體平行。

③沉肩，雙腿微屈。

【易犯錯誤】

上體前傾，突臀，右肘關節僵直。

【動作方向】

此勢動作身體向東方向。

身體微向右轉，重心於左腿，右腳提起向前蓋步下落，腳跟落地；右劍指翻轉掌心向上，劍指向前，與胸平；左臂屈肘上提，左手持劍從右手上穿出，掌心向下，劍尖向後；眼向前平視（圖8）。

【動作要領】

①右腳向前邁出時右膝微屈。

②右腳蓋步，腳尖外展，橫腳下落，雙腿成交叉勢。

【易犯錯誤】

聳肩，抬肘。

【動作方向】

此勢動作身體向東方向。

身體繼續向右轉，重心移於右腿，左腳跟離地，膝部微屈，成半坐盤勢；左手持劍向前穿出，與肩平，掌心轉動向後，劍尖向右；右手劍指向下經腹前向右後上舉，翻轉掌心向左，劍指側向上，腕與肩平；眼視右手方向（圖9）。

【動作要領】

①左手持劍，劍身平貼於左臂。

②雙臂平展體側，沉肩垂肘。

③右劍指上舉達到右後方45度為宜，保持身體中正。

【易犯錯誤】

身體歪斜，雙臂過於後背。

【動作方向】

此勢動作身體向南方向。

身體向左轉，重心於右腿，左腳提起向前邁步，腳跟先落地，重心前移全腳落地踏實；左腿屈膝慢慢向前弓出，成左弓步；同時，右手劍指經頭側向前落於劍把之上，掌心向前，劍指側向上；左手持劍微向胸前屈收，掌心向下，劍尖向後，腕與肩平，劍身斜置體前側；眼向前平視（圖10、11）。

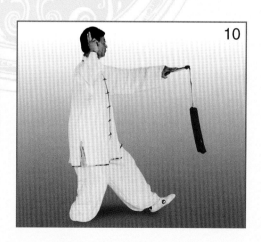

【動作要領】

①提左腳上步成左弓步重心前移時，右手微上舉，右手劍指再向前落下，整個動作協調完成。

②肘關節微屈，上體保持正直。

③右手落於劍把之上，做到虎口正對劍護手。

【易犯錯誤】

身體前俯突臀，兩臂僵直。

【動作方向】

此勢動作身體向東方向。

第2式 併步點劍

接上式，重心於左腿，右腳提起向左腳靠攏成併步；右手持劍在身體左側畫立圓，使劍尖向前下點出，掌心向左，劍尖向前下；左手劍指附於右手腕部，掌心向下，劍指向右，腕與胸平；眼視劍尖方向（圖12）。

【動作要領】

①併步時，雙腳尖向前，身體略下蹲，上體保持中正。

②點劍時，力達劍尖。

③右手握住劍把，把劍接過，再向前點出。

【易犯錯誤】

上體前傾，聳肩，突臀。

【動作方向】

此勢動作身體向東方向。

第3式 撤步反擊

接上式，重心於左腿，右腿向右後方撤步，前腳掌先落地，然後全腳掌落地踏實，成左弓步；右手持劍，右臂外旋，掌心向上，劍尖向前下；左手劍指附於右手腕部，掌心向下，劍指向右；眼視劍尖方向（圖13）。

【動作要領】

①右手持劍右臂外旋，右腿撤步的方向應為右後45度。

②保持上體正直、鬆肩垂肘、雙肘微屈。

【易犯錯誤】

身體重心起伏，俯身突臀，撤步方向錯誤。

【動作方向】

此勢動作身體向東方向。

身體向右轉，重心於左腿，左腳先內扣，然後右腳再外展，重心移於右腿，右腿屈膝慢慢向前弓出，成右弓步；隨體轉，右手持劍向右後方斜削，腕與肩平，掌心斜向上，劍尖斜向上；左劍指向左下方平展分開，劍指於左髖側，掌心向下，指尖朝前；眼視劍尖方向（圖14、15）。

【動作要領】

　　①重心的移動要與左腳內扣、右腳外擺協調進行。

　　②右手持劍向右斜上方擊出，力達劍刃前端外刃。

　　③立身中正，鬆腰沉髖，鬆肩垂肘，雙臂撐圓。

【易犯錯誤】

　　①身體前俯，突臀，雙臂僵直。

　　②動作不協調，脫節。

【動作方向】

　　此勢動作身體向西南方向。

第4式 進步平刺

　　接上式，身體向左轉，重心於左腿，右腳內扣，左腿支撐；右手持劍向左引帶，掌心向上，劍尖向右，腕與肩平；隨體轉，左手劍指隨體轉向左平撐，掌心向外，劍指向前；眼隨體轉向前平視（圖16）。

16

【動作要領】

　　①身體轉動帶動雙手動作與右腳內扣動作協調完成。

　　②立身中正，雙肩鬆沉，雙臂撐圓。

【易犯錯誤】

　　俯身，聳肩，重心起伏。

【動作方向】

　　此勢動作身體向南方向。

身體向右轉，重心移於右腿，左
腳提收於右腿內側，前腳掌踏地，成
左虛步；右手持劍翻轉，向胸前屈
收，使劍身斜置於體前，腕與胸平，
掌心向下，劍尖向左下；左手劍指向
上經面前落於右肩前，掌心向下，掌
指向右；眼隨體轉向前平視（圖17）。

【動作要領】

①立身中正，鬆腰沉髖。雙肩鬆
沉，雙臂撐圓。

②身體轉動帶動雙手動作與左腳
提收動作協調完成。

【易犯錯誤】

俯身，聳肩，重心起伏。

【動作方向】

此勢動作身體向南方向。

身體向左轉，重心於右腿，左腳向前邁步，腳跟先落地，
腳尖翹起；右手持劍向右腰側捲裹，
掌心向上，劍尖向前；左手劍指向下
向體前伸出，劍指與肩平，掌心向
前，劍指向上；眼向前平視（圖18）。

【動作要領】

①上體正直，鬆肩沉髖，雙臂撐
圓。

②左腳邁出時，左膝微屈。

③左腳尖翹起與地面的角度以不
超過60度為宜。

【易犯錯誤】

俯身、突臀，聳肩雙膝挺直。

【動作方向】

此勢動作身體向東南方向。

19

　　身體向左轉，左腳外展45度，全腳掌落地踏實，重心移於左腿，右腳提起向前邁出，腳跟先落地，然後身體向右轉，重心右移，右腳全腳掌落地踏實，右腿屈膝慢慢向前弓出，成右弓步；右手持劍由右腰側向前平劍刺出，腕與肩平，掌心向上，劍尖向前；左手劍指向左而上畫弧於左額前上方，掌心向左，掌指斜向前；眼視劍尖方向（圖19）。

【動作要領】
　　①重心左右移動要連貫自如，右弓步要鬆腰鬆髖，上體正直，雙臂撐圓。
　　②右弓步、平刺劍、左手劍指動作協調完成。
　　③劍與臂在同一直線，力達劍尖。

【易犯錯誤】
　　連續向前邁步重心起伏，聳肩，俯身突臀。

【動作方向】
　　此勢動作身體向東方向。

第5式 向右平帶

接上式，身體向右轉，重心於右腿；右腳尖外展，同時右手持劍右臂內旋，掌心向下，將劍向右斜前方引伸，然後翻轉掌心向下，將劍向右後方慢慢回帶，腕與胸平，掌心向下，劍尖向左，略高於手腕；左手劍指下落附於右手腕部，掌心向下，劍指向右；眼視劍尖方向（圖20）。

【動作要領】

①右手持劍向前引伸動作幅度要小，引伸時劍尖向前。

②上體中正，鬆肩垂肘，雙臂撐圓。

③劍尖引伸，力達劍尖，帶劍力達劍外刃。

【易犯錯誤】

①劍引伸時，劍尖偏向左側。

②轉體轉腳的方向超過右側前45度，身體向右傾倒。

【動作方向】

此勢動作身體向東南方向。

第6式 向左平帶

接上式，身體微向左轉，重心於右腿；左腳提起收至右腳內側，前腳掌踏地；右手持劍向前引伸，掌心向下，劍尖向前；左手劍指收至腰側，掌心向上，掌指向前；眼視劍尖方向（圖21）。

【動作要領】

①右手劍前引時要與身體微左轉同時完成。

②身體中正　，鬆肩垂肘，雙臂撐圓，引伸時劍尖向前。

【易犯錯誤】

上體歪斜，聳肩，突臀。

【動作方向】

此勢動作身體向東方向。

重心於右腿；左腳提起向前邁步，腳跟先落地，左腳尖翹起；同時右手持劍翻轉掌心向上，劍尖向前；左手劍指由腰部向體左側畫弧，掌心向外，掌指向前；眼視劍尖方向（圖22）。

【動作要領】

①左腳邁出時，微偏左，左膝不可挺直。

②身體中正，鬆肩垂肘，雙臂撐圓。

③左腳尖翹起與地面的角度以不超過60度為宜。

【易犯錯誤】

俯身，突臀，重心起伏。

【動作方向】

此勢動作身體向東方向。

身體向左轉，重心移於左腿，左腳全腳掌落地踏實，左腿屈膝慢慢向前弓出，成左弓步；右手持劍屈肘向左後方帶至左肋旁，掌心向上，劍尖向右，劍尖高於手腕；左手劍指向上畫弧舉於左額前上方，掌心向外，掌指向右；眼視劍尖方向。（圖23）

【動作要領】

①劍回帶與屈膝弓步動作協調一致。

②身體中正，鬆肩垂肘，雙臂撐圓。

③平帶劍力達劍左刃中部。

【易犯錯誤】

轉體幅度過大，動作不協調。

【動作方向】

此勢動作身體向東方向。

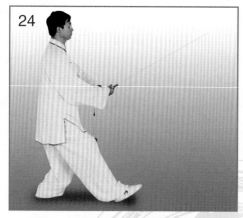

第7式 獨立上刺

接上式，身體向右轉，重心於左腿；右腳提起向前墊步，腳跟先落地，腳尖翹起；右手持劍轉動掌心向上，劍身置於體前，劍尖斜向上；左手劍指附於右手腕部，掌心向下，掌指向右；眼向前平視。（圖24）

【動作要領】

①右手劍翻轉，掌心向上，與轉體墊步協調一致。

②身體正直，鬆腰沉髖，雙肩鬆沉，雙臂撐圓。

③右腳尖翹起與地面的角度以不超過 60 度為宜。

【易犯錯誤】

上體前傾或後仰聳肩，雙腋緊夾身體。

【動作方向】

此勢動作身體向東方向。

重心移於右腿，右腳微外展，右腳全腳落地踏實，右腿支撐，左腿屈膝上提成右獨立步；右手持劍向前上方刺出，掌心向上劍尖向前，腕與肩平；左手劍指仍附於右手腕部，掌心向下，劍指向右；眼視劍尖方向（圖25）。

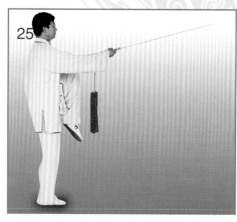

【動作要領】

①成右獨立步時，右腳尖外展角度應小於45度，以保持上體平衡。

②劍上刺，劍尖與眉心相齊，劍身與右臂在同一直線上，力達劍尖。

③虛領頂勁，立身中正，雙肩鬆沉，雙臂撐圓。

【易犯錯誤】

右腳尖外展角度大，產生身體重心不穩定現象。

【動作方向】

此勢動作身體向東方向。

26

第8式 轉身弓步劈劍

接上式，重心於右腿，右支撐腿屈蹲，重心下沉的同時；左腳下落向左後方撤步，前腳掌先落地然後全腳掌落地踏實，成右弓步；雙掌捧劍前刺的動作不變，眼向前平視（圖26）。

【動作要領】

①右支撐腿屈蹲的速度要和緩，與左腳落地協調完成。

②立身中正，雙肩鬆沉，雙臂撐圓。

③左腳的撤步方向應為左側後45度。

【易犯錯誤】

①右支撐腿屈蹲的速度快，造成搶步，動作脫節。

②左腳的撤步方向不對，影響下一動作完成。

③俯身，突臀，聳肩。

【動作方向】

此勢動作身體向東方向。

身體向左轉，重心移於左
腿，右腳尖內扣，左腿屈膝，
成馬步；右手持劍隨身體轉
動，立刃屈肘收於體前，掌心
向內，劍尖向右，腕與肩平；
左手劍指附於右手腕部，掌心
向外，掌指向右；眼視劍尖方
向（圖27）。

【動作要領】

　①右腳尖內扣角度要盡量大，與轉體同時進行。

　②劍收於體前時活把握劍，劍立刃收引，力達劍把。

　③立身中正，雙肩鬆沉，鬆腰沉髖，雙臂撐圓。

【易犯錯誤】

　①右腳內扣角度過小，轉體不靈活，動作不協調。

　②俯身，突臀，聳肩。

【動作方向】

　此勢動作身體向東北方向。

身體繼續向左轉，左腳
尖外展，右腿自然蹬直，成
左弓步；右手持劍立刃向前
劈下，掌心向左，劍尖向前
；左手劍指附於右手腕部，
掌心向下，劍指向右；眼視
劍尖方向（圖28）。

【動作要領】

　　①立身中正，雙肩鬆沉，鬆腰沉髖，雙臂撐圓。

　　②劍劈出與右肩平，方向在左腿延長線上。

　　③劈劍力達劍下刃。

【易犯錯誤】

　　上體過於前俯，聳肩。

【動作方向】

　　此勢動作身體向西北方向。

第9式 虛步回抽

　　接上式，身體微向右轉，重心移於右腿，右腿屈膝，身體後坐，成坐步；右手持劍向下回抽到身體右髖側，掌心向內，劍尖向前；左手劍指附於右手腕部，隨劍回抽，掌心向下，劍指向右；眼隨身體轉動向前平視（圖29）。

【動作要領】

　　①重心右移與抽劍動作同時完成。

　　②立身中正雙肩鬆沉，鬆腰沉髖，雙臂撐圓。

　　③劍回抽，力達劍下刃。

【易犯錯誤】

　　俯身突臀，重心後坐與劍回抽動作不協調。

【動作方向】

　　此勢動作身體向北方向。

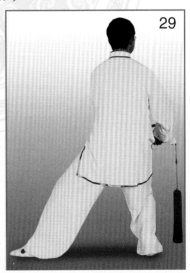

身體微向左轉，重心於右腿，左腳提起回撤，前腳掌踏地，成左虛步；右手持劍繼續回抽到身體右後，掌心向內，劍尖向前；左手劍指上提經頦下向前指出，掌心側向前，劍指向上，腕與肩平；眼視劍指方向。（圖30）

【動作要領】

①左腳虛步，左手前指，右手劍回抽，整個動作應協調完成。

②立身中正，鬆腰髖，雙臂撐圓。

③劍尖低於劍把，力達劍下刃。

【易犯錯誤】

上體前俯，動作不連貫，聳肩吊肘。

【動作方向】

此勢動作身體向西北方向。

第10式 併步平刺

接上式，身體向左轉，重心於右腿；左腳提起略向左移，腳跟先著地，腳尖翹起；隨體轉，左手劍指向左畫弧至左肩前，掌心向前，劍指向上；隨體轉，右手持劍保持上勢不變；眼向前平視（圖31）。

【動作要領】

①左手劍指左移，左臂要微內旋。②立身中正，雙肩鬆沉，鬆腰沉髖，雙臂撐圓。

【易犯錯誤】

重心不穩固，姿勢起伏、突臀、左膝挺直。

【動作方向】

此勢動作身體向西方向。

重心移於左腿，右腳提起向左腳靠攏，成併立步；右手持劍平劍身由體側向體前平刺；掌心向上，劍尖向前，左手劍指向左下畫弧；劍指變掌托於右掌下，掌心向上，掌指向右；眼視劍尖方向（圖32）。

【動作要領】
　①身體正直，雙肩鬆沉。
　②劍刺出雙臂要撐圓，雙腳的距離與肩同寬。
　③左、右手動作與併步協調一致，劍刺出力達劍尖。
【易犯錯誤】
　①挺胸突臀。②雙臂緊夾身體。
【動作方向】
　此勢動作身體向西方向。

第11式 右弓步攔劍

接上式，身體向左轉，重心於左腿，左腳尖外展，右腳跟提起，兩腿微屈；右手持劍，右臂屈肘劍身立刃回抽與體前，翻轉掌心向內，劍尖向右，腕與頭平；左掌變劍指附於右手腕部，掌心向外，掌指向右；眼隨身體轉動向前平視（圖33）。

【動作要領】
　①立身中正，雙肩鬆沉，鬆腰沉髖，雙臂撐圓。
　②轉體轉腳的方向為右側前45度，劍回抽力達劍首。
　③轉體，轉腳、劍回抽動作要協調一致。

【易犯錯誤】
　身體歪斜，俯仰，動作脫節。
【動作方向】
　此勢動作身體向西南方向。

身體繼續向左轉，重心移於左腿，左腿屈膝，右腳提起向前邁步，腳跟先落地，腳尖翹起；右手持劍，劍身經面前向左後畫弧環繞，右腕與髖平，掌心向內，劍尖向上；左手劍指附於右手腕部，掌心向外，劍指向右；眼隨體轉向前平視（圖34）。

【動作要領】

①劍向左後環繞角度不可超過左後45度方向。

②劍身與身體基本平行，右手活把握劍。

③立身中正，雙肩鬆沉，鬆腰沉髖，雙臂撐圓。

【易犯錯誤】

左右歪髖，聳肩、突臀。

【動作方向】

此勢動作身體向南方向。

身體向右轉，重心移於右腿，右腳全腳掌落地踏實，右腿屈膝慢慢向前弓出，成右弓步；右手持劍由左後下方微向下，再向右前立圓畫弧，向前攔截，劍身與頭平齊，右掌心向外，劍尖向前；左手劍指附於右手腕部，掌心向外，劍指向右；眼視劍尖方向（圖35）。

【動作要領】

①弓步、劍攔架、劍指上舉的動作應協調配合完成。

②上體正直，肩放鬆，肘下垂，雙臂撐圓。

③劍攔架，力達劍上刃。

【易犯錯誤】

攔截動作時，劍尖觸及地面，雙肩聳起。

【動作方向】

此勢動作身體向西方向。

第12式 左弓步攔劍

接上式，身體微向右轉，重心移於左腿，左腿屈膝，右腳尖翹起，身體後坐，成坐步；右手持劍屈肘撤至面前，掌心向外，劍尖向前；左手劍指附於右手腕部，隨同後撤，掌心向外，劍指向右；眼視右手方向。（圖36）

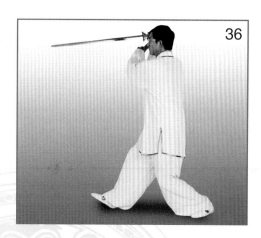

【動作要領】

①上體正直，斂臀直背，重心移動要平緩。
②雙臂撐圓，鬆肩垂肘。
③右手劍後撤與重心右移同時完成。

【易犯錯誤】

①重心右移與撤劍動作不協調。
②仰身、突臀。

【動作方向】此勢動作身體向西北方向。

身體繼續向右轉，右腳尖外展，重心移於右腿，右腳全腳掌落地踏實，左腳提收於右腳內側，腳不落地；右手持劍向右、向下繞至身體右側，劍身直立，掌心側向外，劍尖向上；左手劍指隨身體轉動下落於腹前，掌心向下，劍指向右；眼視劍身方向（圖37）。

【動作要領】

①上體正直，雙臂撐圓，鬆肩垂肘。②轉體幅度適度，與左腳邁出成順勢。③肩繞環貼身完成，右手與腹齊。

【易犯錯誤】

轉體幅度過大，重心偏移，雙臂僵直。

【動作方向】
此勢動作身體向北方向。

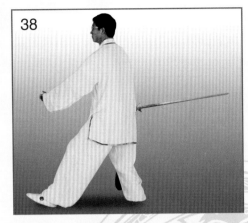

身體向左轉，重心於右腿，左腳向前邁出，腳跟先落地，隨體轉；左掌向前畫弧於體前，掌心向下，掌指向右，右手持劍，掌心向外，劍尖向後，眼隨體轉向前平視（圖38）。

【動作要領】

①立身中正，左劍指與左腳的動作要協調。

②雙臂保持弧形，動作　重心要平穩。

【易犯錯誤】

上體前俯，突臀，左右歪髖。

【動作方向】

此勢動作身體向西方向。

身體向左轉，重心移於左腿，左腳全腳掌落地踏實，左腿屈膝，慢慢向前弓出，成左弓步；右手持劍向下，向左前上方立圓畫弧攔架，劍身與頭平，右掌心向內；劍尖向前，左手劍指由下經體前向上畫弧舉於左額前上方，掌心向外，劍指向前；眼視劍尖方向（圖39）。

【動作要領】

①弓步、攔架劍，劍指上舉要協調配合。

②鬆肩、垂肘、雙臂撐圓。③上體正直，劍攔架力達劍上刃。

【易犯錯誤】

攔架動作劍尖觸及地面，聳肩，上體前俯。

【動作方向】

此勢動作身體向西方向。

第13式 進步反刺

接上式，身體微向右轉，重心於左腿，右腳提起向前橫落蓋步，腳跟落地，腳尖外展；右手持劍反腕使劍尖向體右下方落下，掌心向外，劍尖向右下；左手劍指附於右手腕部，掌心向下，劍指向右；眼隨身體轉動視劍尖方向（圖40）。

【動作要領】

①右腳蓋步，重心在左腿，不要隨落步過早前移重心。②身體正直，鬆腰沉雙髖，肩放鬆。

【易犯錯誤】

重心起伏，身體歪斜。

【動作方向】

此勢動作身體向北方向。

身體繼續向右轉，重心略右移，右腿屈膝，左腳跟離地，成半坐盤勢；雙手左右分開，右手持劍立刃向右後下方刺出，腕與腰平，掌心向外，劍尖向右下；左手劍指向左前指出，掌心向下，腕與肩平；眼視劍尖方向（圖41）。

【動作要領】

①右手劍後刺時，應使劍身與身體右側貼近下落刺出，劍身與右臂成一直線，力達劍尖。

②身體正直，鬆腰沉雙髖，肩放鬆。

【易犯錯誤】

①轉體坐盤動作與劍向後刺動作不協調。

②俯身突臀，右歪髖。

【動作方向】

此勢動作身體向北方向。

身體微向左轉，重心於右腿，左腳提起向前邁步，腳跟先著地，腳尖翹起；右手持劍，右腕上挑使劍尖向上挑掛，掌心向外，劍尖向上；左手劍指保持上式姿勢不變；眼視劍尖方向（圖42）。

【動作要領】

①劍尖上挑，活把握劍，力達劍上刃前端。

②上體正直，斂臀，雙肩鬆沉，雙肘微屈。

【易犯錯誤】

上體歪斜，突臀。

【動作方向】

此勢動作身體向西北方向。

身體向左轉，重心移於左腿，左腳全腳掌落地踏實，左腿屈膝慢慢向前弓出，成左弓步；右手持劍，屈臂向前反刺，腕與頭平，掌心向外，劍尖向前；左手劍指屈臂收於右手腕部，掌心向外，指向上；眼視劍尖方向（圖43）。

【動作要領】

①上體正直，鬆腰鬆髖，雙肩鬆沉。

②反刺劍時，劍尖位於身體中線，與頭同高，力達劍尖。

【易犯錯誤】

轉體幅度大，髖部歪斜，身體向右傾倒。

【動作方向】

此勢動作身體向西方向。

第14式 上步掛劈

接上式，身體微向左轉，重心移於右腿，身體後坐，左腳尖翹起，成坐步；同時右手持劍屈腕向下、向左後方穿掛於左大腿外側，掌心向內，劍尖斜向左下；左劍指收至右肩前，掌心向右，劍指向上；眼視劍尖方向（圖44）。

【動作要領】

①上體正直，鬆腰鬆髖，雙肩鬆沉，撐圓。

②轉體與掛劍動作協調完成。

③掛劍時，力達劍上刃前部。

【易犯錯誤】

上體前俯，向後突臀，左腿僵直，動作脫節。

【動作方向】

此勢動作身體向西南方向。

身體向右轉，重心於左腿，右腳提起向前邁步，前腳掌先著地，腳尖翹起；右手持劍上翻腕立刃舉於頭前上方，掌心向外，劍尖向左；左手劍指翻轉掌心向上，劍指向右，落於腹前；眼向前平視（圖45）。

【動作要領】

①右腳邁步、右手持劍上舉、左劍指翻轉動作應同時完成。

②上體正直，鬆腰鬆髖，雙肩鬆沉，撐圓。

【易犯錯誤】

上體歪斜，突臀，左右歪髖。

【動作方向】

此勢動作身體向南方向。

身體向右轉，重心移於右腿，右腳全腳掌落地踏實，右腿屈膝，慢慢向前弓出，成右弓步；隨體轉，右手持劍向前劈下，劍與肩同高，掌心向左，劍尖向前；左手劍指由腹前向左後、而上畫弧於頭左側上方，掌心向外，劍指向前；眼視劍尖方向（圖46）。

【動作要領】
①弓步、劈劍、左手劍指上舉要與身體轉動同時完成。
②雙肩鬆沉，劈劍與右臂成一直線，力達劍下刃。

【易犯錯誤】上體前俯，聳肩，左右歪髖。

【動作方向】此勢動作身體向西方向。

第15式 丁步回抽

接上式，身體微向左轉，重心移於左腿，右腳提收於左腳內側，前腳掌踏地，成右丁步；右手持劍屈臂回抽於身體左腹

前側，掌心向內，劍身斜立，劍尖斜向上；左手劍指附於右手腕部，掌心向下，劍指向右；眼視劍尖方向。
（圖47）

【動作要領】
①右手持劍回抽，右臂應先微向上提，再經體前弧形落於體左腹前側。
②做丁步動作時，上體正直，鬆腰沉髖，鬆肩垂肘，雙膝微屈，雙臂撐圓。

【易犯錯誤】
重心起伏，雙臂緊夾身體，雙腿直立。

【動作方向】
此勢動作身體向西南方向。

第16式 旋轉平抹

接上式，身體向右轉，重心於左腿，右腳提起向前落步，腳跟先落地；右手持劍翻轉，使劍身橫於體前與腰平，掌心向下，劍尖向左，腕與腰平；左手劍指附於右手腕部，掌心向下，劍指向右；眼隨身體轉動向前平視（圖48）。

【動作要領】

①右腳邁出落地的方向為右斜前45度。②身體正直，腰髖鬆沉，雙肩鬆活，雙臂撐圓。③轉體、落腳、劍橫擺動作要協調一致。

【易犯錯誤】

①重心起伏，俯身突臀，左右歪髖。

②雙腋緊夾身體，動作脫節。

【動作方向】

此勢動作身體向西北方向。

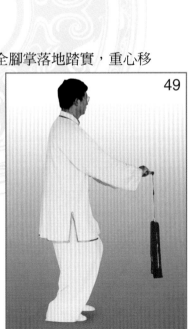

身體繼續向右轉，右腳尖外展，全腳掌落地踏實，重心移於右腿，左腳提起向右腳前扣步，兩腳尖斜相對成內八字形，右手持劍，隨身體轉動向右平抹，掌心向下，劍尖向左，腕與腰平；左手劍指附於右手腕部，掌心向下，劍指向右；眼隨體轉向前平視（圖49）。

【動作要領】

①左腳向右腳前落步時，重心保持平穩，向右轉體帶動劍平抹。

②身體中正，雙臂撐圓，鬆肩垂肘。③劍平抹，力達劍外刃。

【易犯錯誤】

上體前俯，向後突臀，轉體時低頭彎腰。

【動作方向】

此勢動作身體向東北方向。

身體向右轉，重心移於左腿，左腳全腳掌落地踏實，右腳提起向後撤步，前腳掌先落地，然後全腳掌落地踏實；此時，重心右移，左腳隨之提起，前腳掌踏地成左虛步；雙手同時向左右平分於兩髖旁，左掌心向下，劍指向前；右手持劍掌心向下，劍尖略低於劍把；眼向前平視（圖50）。

【動作要領】

①轉體幅度大近於360度，以左右腳的轉動來配合身體旋轉，轉身時速度要勻稱，重心才能平穩自然。

②左右腳外展、內扣的角度以45～60度為宜。

③身體中正，鬆肩垂肘，鬆腰沉髖，雙臂撐圓。

【易犯錯誤】

①轉體速度快，重心移動不平緩，產生身體偏斜。

②動作姿勢起伏，雙肩後背，挺胸展腹。

【動作方向】此勢動作身體向南方向。

第17式 弓步直刺

接上式，重心於右腿；左腳提起向前邁出，腳跟先落地，重心移於左腿，左腳全腳落地踏實，左腿屈膝慢慢向前弓出，成左弓步；右手持劍立刃前刺，腕與胸平，掌心向左，劍尖向前；左手劍指附於右手腕部，掌心向下，劍指向上；眼視劍尖方向。（圖51）。

【動作要領】

①上體正直，沉肩，雙肘微屈，左腳邁出步幅適中。

②劍向前立劍刺出，力達劍尖。

【易犯錯誤】上體前俯，聳肩。

【動作方向】此勢動作身體向南方向。

第18式 收 勢

接上式，身體向右轉，重心移於右腿，右腿屈弓；右手持劍，右臂屈肘立劍向右後收於體前，掌心向內，劍尖向左，左手劍指變掌，同時屈肘回收附於劍把，掌心向外，劍指向右，準備接劍；眼隨體轉向前平視。（圖52）

【動作要領】

上體正直，兩肩鬆沉，雙肘微垂，雙臂撐圓。

【易犯錯誤】

右腿屈弓幅度過大，身體產生向右後傾倒。

【動作方向】

此勢動作身體向西方向。

身體左轉，重心移於左腿，右腳提起向左腳內側靠攏成開立步；左手握劍，掌心向外向上經體前落於身體左側，掌心向後，劍尖向上；右手握劍指，向下向後再向前下落於體右側，掌心向後，劍指向下；眼向前平視（圖53 、54）。

【動作要領】

①身體中正，雙臂鬆垂。

②兩臂自然彎曲，劍身緊貼左前臂下側。

【易犯錯誤】

聳肩，雙腋緊夾身體，身體歪斜。

重心於右腿，左腳跟先離地，隨即左腳輕提收至右腳側，前腳掌先落地，隨重心稍左移，全腳掌落地踏實，雙腳尖向前成併立步；右手劍指變掌輕貼於右腿外側，掌心向內，掌指向下；左手持劍掌心向後，劍尖向上，劍身緊貼左前臂下側。眼向前平視（圖55）。

【動作要領】

①身體自然直立，頭頸正直，下頦微內收。

②兩肩鬆沉，劍身平貼於左臂後側。

【易犯錯誤】

①身體俯仰，挺胸突臀。

②雙臂緊夾身體。

【動作方向】

此勢動作身體向南方向。

預備勢　　　　　　　　　　　　　1.起　勢

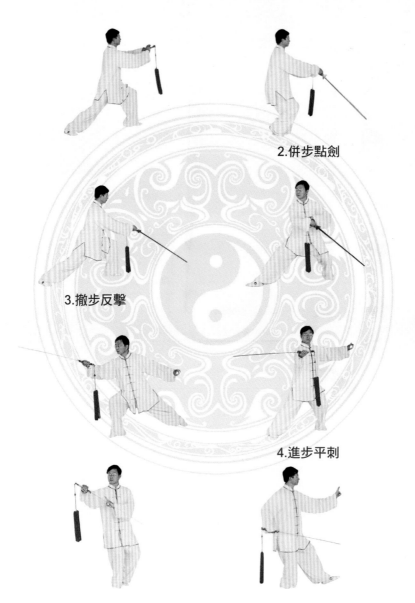

2.併步點劍

3.撤步反擊

4.進步平刺

5.向右平帶

6.向左平帶

7.獨立反刺

8.轉身弓步劈劍

9.虛步回抽

10.併步平刺

11.右弓步攔劍

12.左弓步攔劍

13.進步反刺

14.上步劈掛

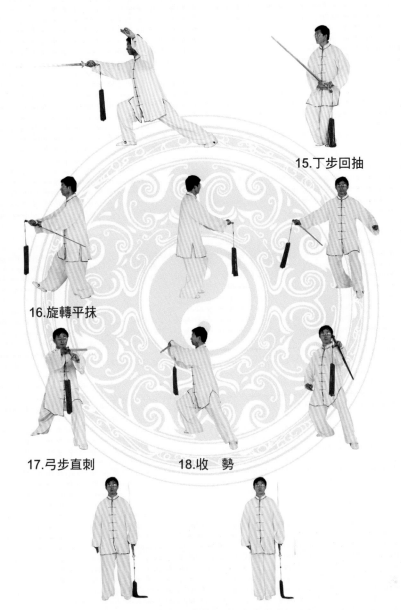

15.丁步回抽

16.旋轉平抹

17.弓步直刺

18.收　勢

　　16式太極拳、18式太極劍

大展好書　好書大展
品嘗好書　冠群可期